Impressum
Verlag: BABADADA GmbH, Nedderfeld 112 , 22529 Hamburg
Geschäftsführer / Verlagsleitung: Harald Hof
Druck: Books on Demand GmbH, In de Tarpen 42, 22848 Norderstedt

Imprint
Publisher: BABADADA GmbH, Nedderfeld 112 , 22529 Hamburg, Germany
Managing Director / Publishing direction: Harald Hof
Print: Books on Demand GmbH, In de Tarpen 42, 22848 Norderstedt, Germany

școală

مدرسه

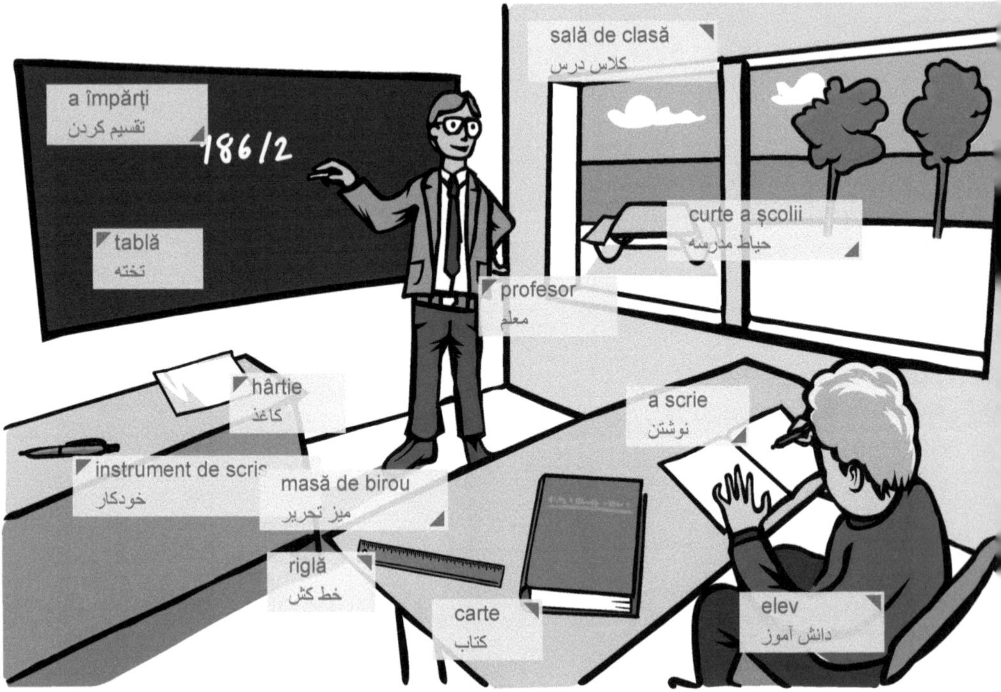
sală de clasă
کلاس درس
a împărți
تقسیم کردن
186/2
tablă
تخته
curte a școlii
حیاط مدرسه
profesor
معلم
hârtie
کاغذ
a scrie
نوشتن
instrument de scris
خودکار
masă de birou
میز تحریر
riglă
خط کش
carte
کتاب
elev
دانش آموز

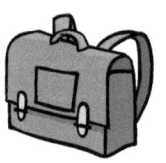

ghiozdan

کیف مدرسه

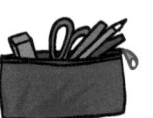

penar

جامدادی

creion

مداد

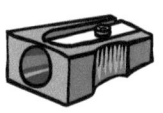

ascuțitoare

تراش

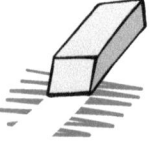

radieră

پاک کن

bloc de desen

دفتر رسم

desen

طراحی

pensulă

قلم مو

cutie de acuarele

جعبه ى آبرنگ

foarfece

قيچى

lipici

چسب

caiet de exerciții

كتاب تمرين

temă

تكليف خانه

număr

رقم

a aduna

جمع كردن

a scădea

تفريق كردن

a multiplica

ضرب كردن

a calcula

محاسبه كردن

literă

حرف الفبا

alfabet

الفبا

cuvânt

كلمه

text

متن

a citi

خواندن

cretă

گچ

oră

درس

catalog

ثبت نام

examen

امتحان

certificat

مدرک رسمی

uniformă școlară

لباس مدرسه

educație

تحصیلات

enciclopedie

دانشنامه

universitate

دانشگاه

microscop

میکروسکوپ

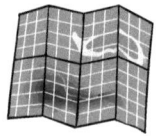

hartă

نقشه

coș de gunoi

سبد کاغذ باطله

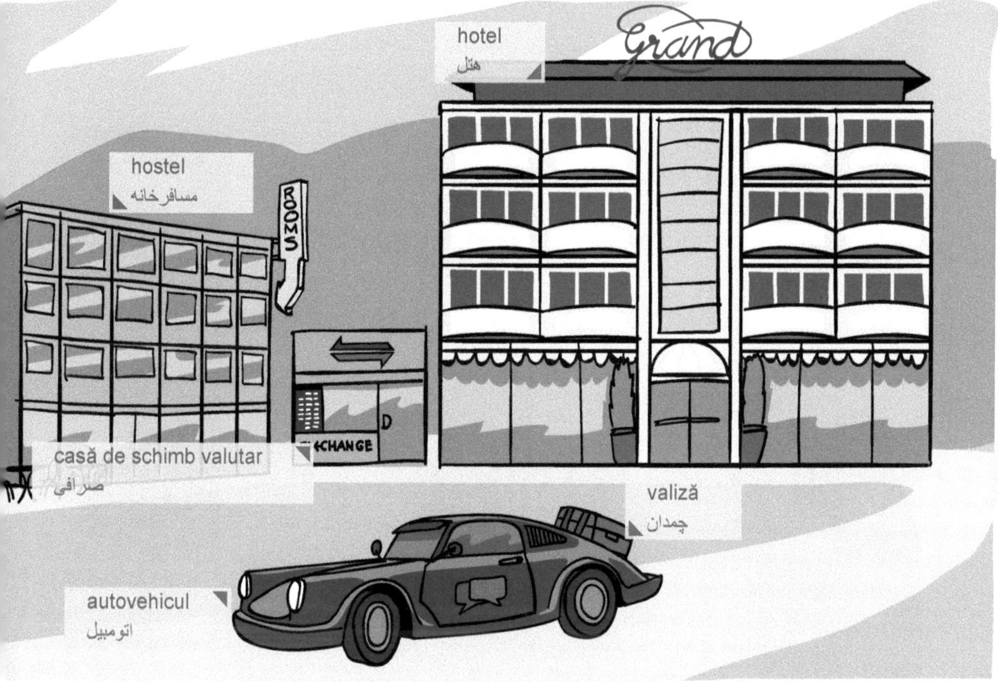

hotel
هتل
Grand
hostel
مسافرخانه
ROOMS
casă de schimb valutar
صرافی
EXCHANGE
valiză
چمدان
autovehicul
اتومبیل

limbă
زبان

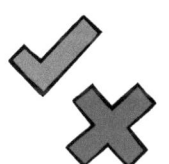

da/nu
بله / خیر

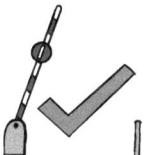

okay
اکی

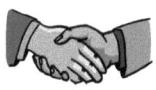

Bună!
سلام

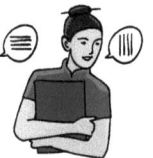

interpret
مترجم

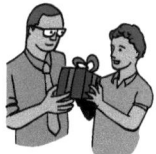

mulțumesc
ممنون

Cât costă…?

قیمت … چه قدر است؟

Nu înțeleg

من متوجه نمی شوم

problemă

مشکل

Bună seara!

عصر بخیر! / شب بخیر!

Bună dimineața!

صبح بخیر!

Noapte bună!

شب بخیر!

la revedere

خداحافظ

direcție

جهت

bagaj

بار سفر

geantă

کیف

rucsac

کوله پشتی

oaspete

مهمان

cameră

اتاق

sac de dormit

کیسه خواب

cort

خیمه

călătorie - سفر

nct de informare turistică

مرکز راهنمای گردشگران

plajă

ساحل

carte de credit

کارت اعتباری

mic dejun

صبحانه

masa de prânz

نهار

cină

شام

bilet de călătorie

بلیط

lift

آسانسور

timbru poştal

مهر

graniţă

مرز

vamă

گمرک

ambasadă

سفارتخانه

viză

ویزا

paşaport

گذرنامه

transport

حمل و نقل

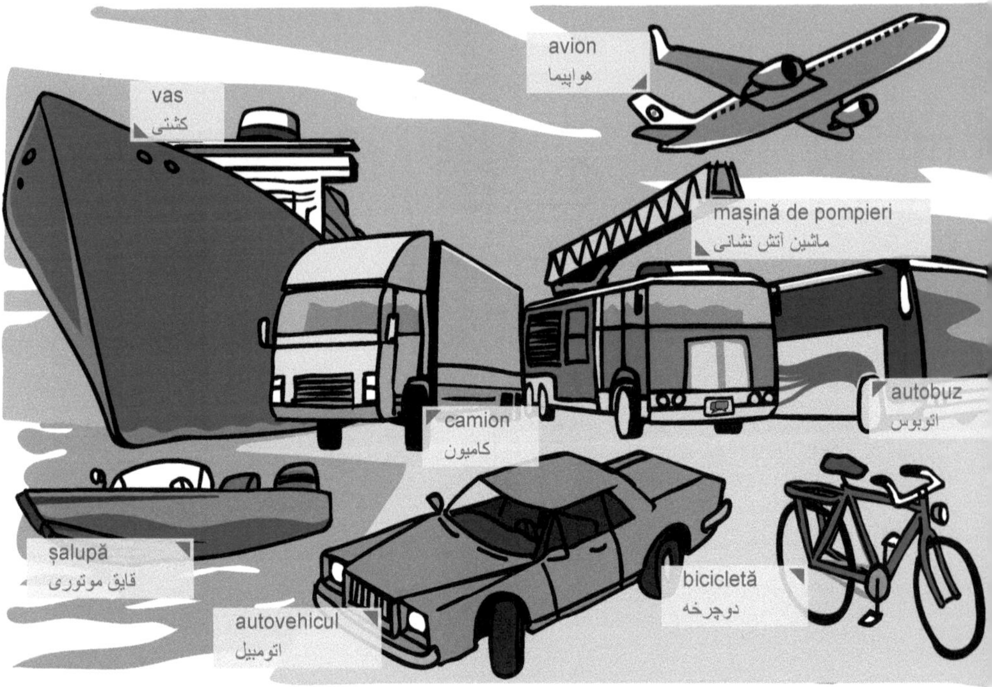

avion
هواپیما
vas
کشتی
mașină de pompieri
ماشین آتش نشانی
autobuz
اتوبوس
camion
کامیون
șalupă
قایق موتوری
bicicletă
دوچرخه
autovehicul
اتومبیل

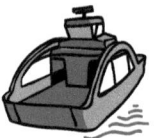

feribot
کشتی مسافربری

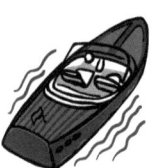

barcă
قایق

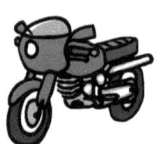

motocicletă
موتورسیکلت

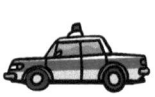

mașină de poliție
ماشین پلیس

mașină de curse
ماشین مسابقه

mașină închiriată
ماشین کرایه ای

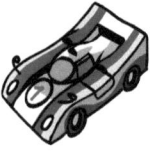

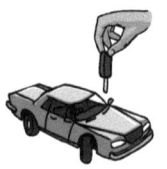

car sharing

به اشتراک گذاری اتوموبیل

mașină de tractat

جرثقیل

mașină de gunoi

ماشین حمل زباله

motor

موتور

combustibil

بنزین

benzinărie

پمپ بنزین

semn de circulație

تابلو راهنمایی و رانندگی

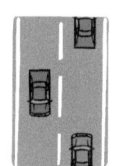

trafic

عبور و مرور

ambuteiaj

ترافیک

parcare

پارکینگ

gară

ایستگاه قطار

șine

ریل راه آهن

tren

قطار

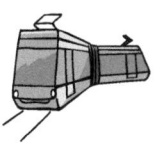

tramvai

قطار برقی

vagon

واگن

elicopter

هلیکوپتر

aeroport

فرودگاه

turn

برج

pasager

مسافر

container

کانتینر

carton

کارتن

căruţă

گاری

coş

سبد

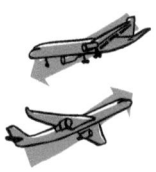

a decola/a ateriza

به پرواز درآمدن / فرود آمدن

oraş

شهر

sat

دهکده

centru

مرکز شهر

casă

خانه

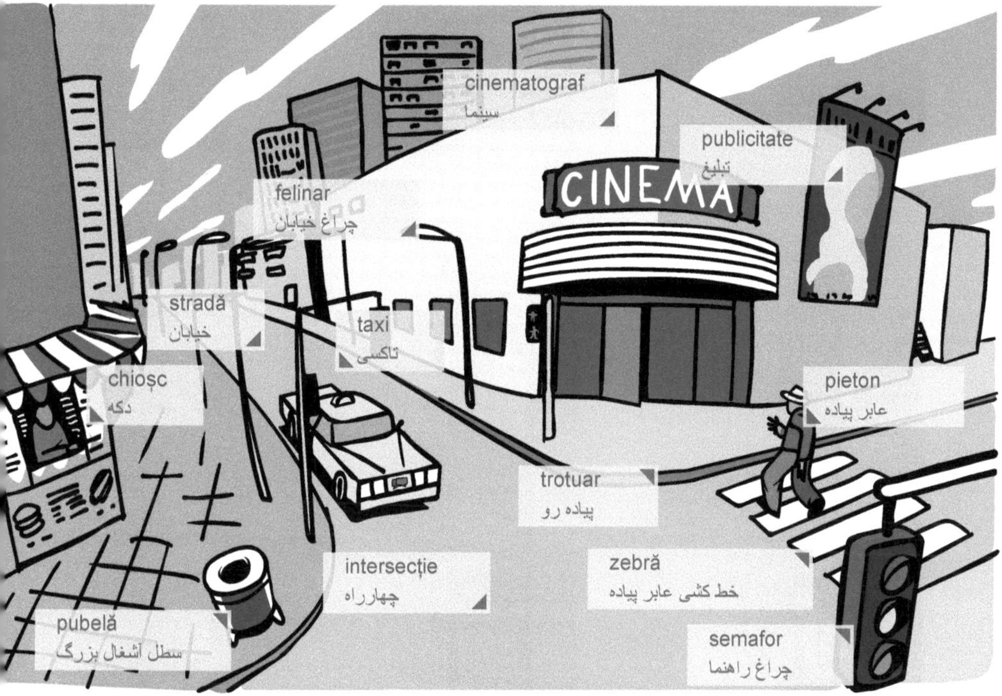
cinematograf
سینما
publicitate
تبلیغ
CINEMA
felinar
چراغ خیابان
stradă
خیابان
taxi
تاکسی
chioșc
دکه
pieton
عابر پیاده
trotuar
پیاده رو
intersecție
چهارراه
zebră
خط کشی عابر پیاده
pubelă
سطل آشغال بزرگ
semafor
چراغ راهنما

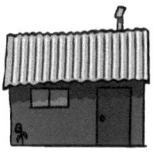

cabană

کلبه

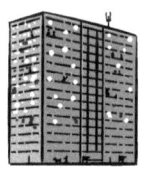

apartament

آپارتمان

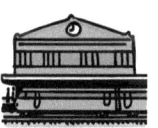

gară

ایستگاه قطار

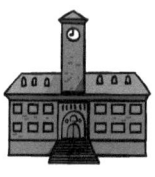

primărie

ساختمان شهرداری

MUSEUM

muzeu

موزه

școală

مدرسه

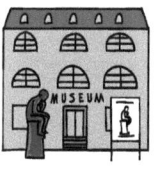

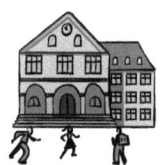

universitate

دانشگاه

bancă

بانک

spital

بیمارستان

hotel

هتل

farmacie

داروخانه

birou

اداره

librărie

کتابفروشی

magazin

مغازه

florărie

گل فروشی

supermarket

سوپرمارکت

piață

بازار

magazin universal

فروشگاه بزرگ

comerciant de pește

ماهی فروش

centru comercial

مرکز خرید

port

بندر

parc

پارک

bancă

نیمکت

pod

پل

trepte

پله

metrou

مترو

tunel

تونل

stație de autobuz

ایستگاه اتوبوس

bar

میخانه

restaurant

رستوران

cutie poștală

صندوق پست

tăbliță indicatoare cu
numele străzii

تابلوی خیابان

parcometru

دستگاه پارکومتر

grădină zoologică

باغ وحش

piscină

استخر شنای عمومی

moschee

مسجد

gospodărie țărănească

مزرعه

poluare

آلودگی محیط زیست

cimitir

قبرستان

biserică

کلیسا

loc de joacă

زمین بازی

templu

معبد

peisaj

چشم انداز

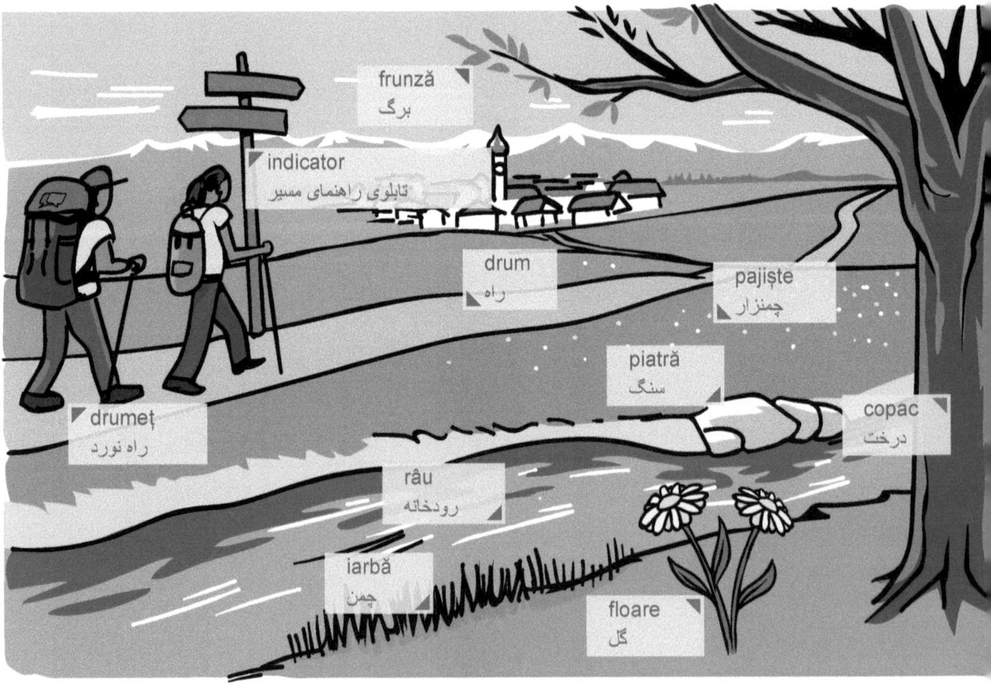

frunză
برگ

indicator
تابلوی راهنمای مسیر

drum
راه

pajiște
چمنزار

piatră
سنگ

copac
درخت

drumeț
راه نورد

râu
رودخانه

iarbă
چمن

floare
گل

vale

درّه

deal

تپّه

lac

دریاچه

pădure

جنگل

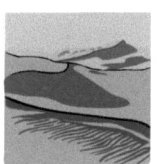

deșert

بیابان

vulcan

کوه آتشفشان

castel

قلعه

curcubeu

رنگین کمان

ciupercă

قارچ

palmier

درخت نخل

țânțar

پشّه

muscă

مگس

furnică

مورچه

albină

زنبور

păianjen

عنکبوت

gândac

سوسک

broască

قورباغه

veveriță

سنجاب

arici

جوجه تیغی

iepure

خرگوش صحرایی

bufniță

جغد

pasăre

پرنده

lebădă

قو

porc mistreț

گراز

cerb

گوزن نر

elan

گوزن شمالی

dig

سد آب

turbină eoliană

توربین بادی

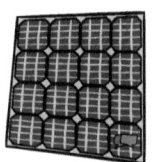

panou solar

صفحه ی خورشیدی

climă

آب و هوا

restaurant

رستوران

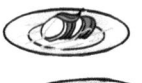

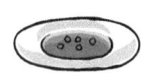

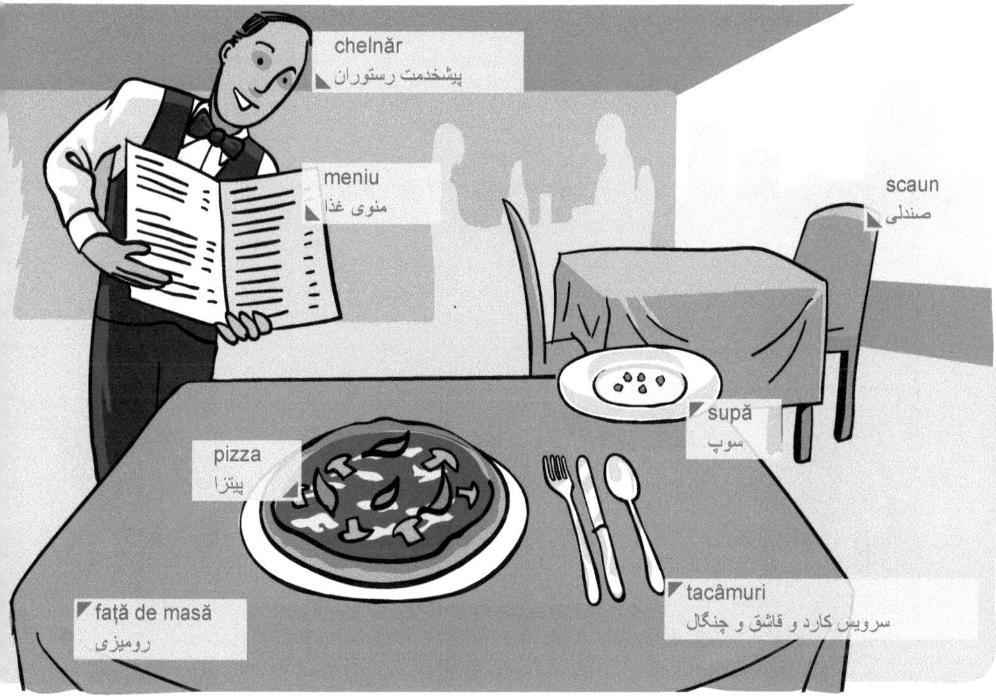

chelnăr
پیشخدمت رستوران
meniu
منوی غذا
scaun
صندلی
supă
سوپ
pizza
پیتزا
tacâmuri
سرویس کارد و قاشق و چنگال
față de masă
رومیزی

antreu
پیش‌غذا

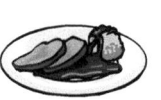

fel principal
غذای اصلی

desert
دسر

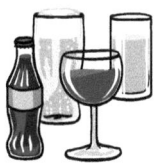

băuturi
نوشیدنی ها

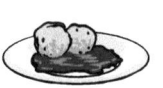

mâncare
غذا

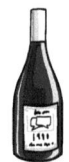

sticlă
بطری

fastfood

فست فود

streetfood

اغذیه خیابانى

ceainic

قورى

zaharniţă

قندان

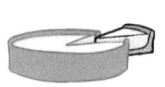

porţie

پُرس غذا

espressor

دستگاه اسپرسو

scaun înalt (pentru copii)

صندلى پایه بلند غذاخورى بچه

factură

صورتحساب

tavă

سینى

cuţit

چاقو

furculiţă

چنگال

lingură

قاشق

linguriţă

قاشق چایخورى

şerveţel

دستمال سفره

pahar

لیوان

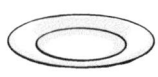

farfurie

بشقاب

farfurie de supă

بشقاب سوپخوری

farfurie

نعلبکی

sos

سس

solniţă

نمکدان

râşniţă de piper

فلفل ساب

oţet

سرکه

ulei

روغن خوراکی

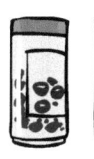

condimente

ادویه جات

ketchup

سس کچاپ

muştar

سس خردل

maioneză

سس مایونز

supermarket

سوپرمارکت

ofertă
پیشنهاد ویژه
FOR
client
مشتری
produse lactate
لبنیات
fructe
میوه جات
cărucior de cumpărături
چرخ دستی خرید

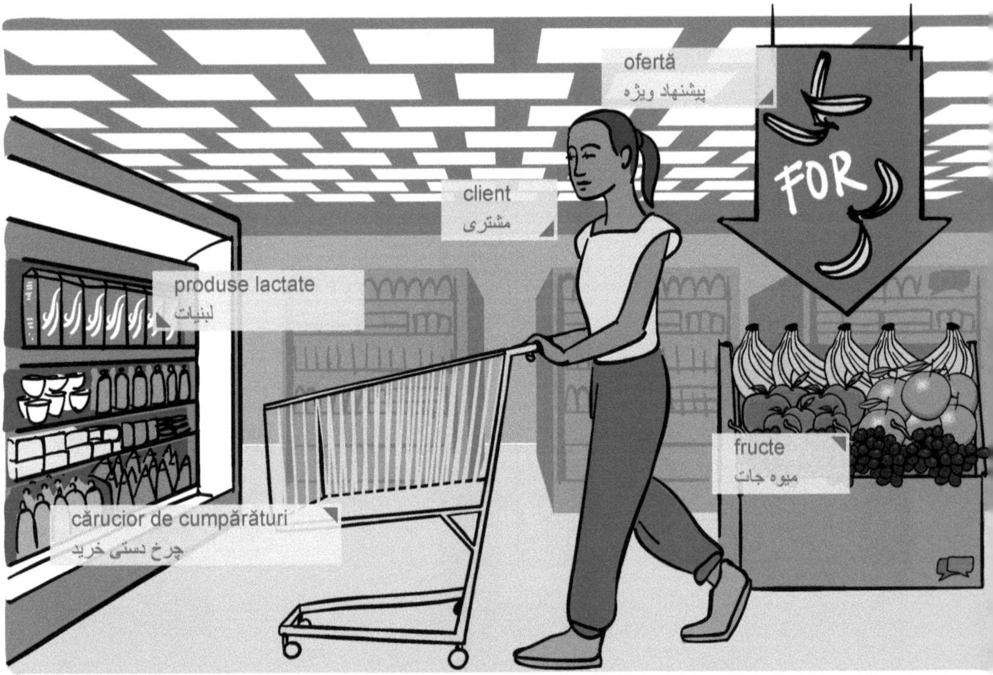

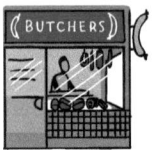

BUTCHERS

măcelărie
قصابی

BAKERY

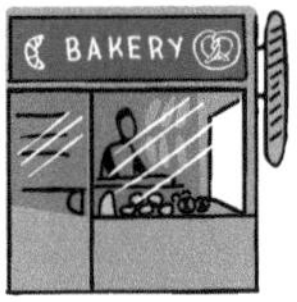

brutărie
نانوایی

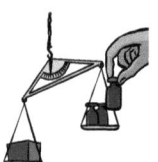

a cântări
وزن کردن

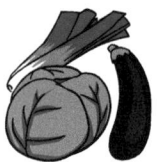

legume
سبزیجات

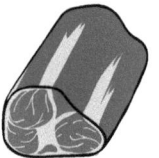

carne
گوشت

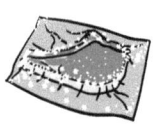

alimente refrigerate
غذای منجمد

ezeluri şi brânzeturi feliate

مخلوطى از انواع كالباس يا پنير
ورقه اى بريده شده باشند

conserve

غذاى كنسروى

detergent

پودر لباسشويى

dulciuri

شيرينى جات

articole de menaj

لوازم خانگى

produse de curăţenie

ماده شوينده و پاک كننده

vânzătoare

فروشنده

casă

صندوق پرداخت

casier

صندوقدار

listă de cumpărături

ليست خريد

orar

ساعات كار

portmoneu

كيف پول

carte de credit

كارت اعتبارى

geantă

كيف

pungă de plastic

كيسه ى پلاستيكى

apă

آب

suc

آبمیوه

lapte

شیر

cola

نوشابه کوکاکولا

vin

شراب

bere

آبجو

alcool

الکل

cacao

کاکائو

ceai

چای

cafea

قهوه

espresso

قهوه اسپرسو

cappucino

کاپوچینو

banane

موز

măr

سيب

portocală

پرتقال

pepene

انواع هندوانه و خربزه

lămâie

ليمو

morcov

هويج

usturoi

سير

bambus

نى بامبو

ceapă

پياز

ciupercă

قارچ

nuci

آجيل

paste făinoase

ماكارونى

spagheti

اسپاگتی

orez

برنج

salată

سالاد

cartofi prăjiți

سیب زمینی سرخ کرده

cartofi țărănești

سیب زمینی سرخ شده

pizza

پیتزا

hamburger

همبرگر

sandwich

ساندویچ

șnițel

شنیتسل

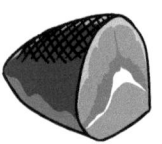

șuncă

ژامبون خوک

salam

سالامی

cârnați

سوسیس

pui

مرغ

friptură

نوعی گوشت سرخ شده

pește

ماهی

fulgi de ovăz

جوی پرک شده

musli

نوعی صبحانه مخلوطی از برگه ذرت و
میوه های خشک شده و خشکبار که
معمولا با شیر خورده می شود

cereale

کورنفلکس

făină

آرد

corn

کرواسان

chifle

نان بروتشن

pâine

نان

pâine prăjită

نان تست

biscuiți

بیسکویت

unt

کره

brânză de vaci

کشک

prăjitură

کیک

ou

تخم مرغ

ouă ochiuri

تخم مرغ نیمرو

brânză

پنیر

înghețată

بستنى

zahăr

شكر

miere

عسل

marmeladă

مربا

cremă nuga

كرم شكلاتى بادامى

curry

ادويه كارى

gospodărie țărănească
مزرعه

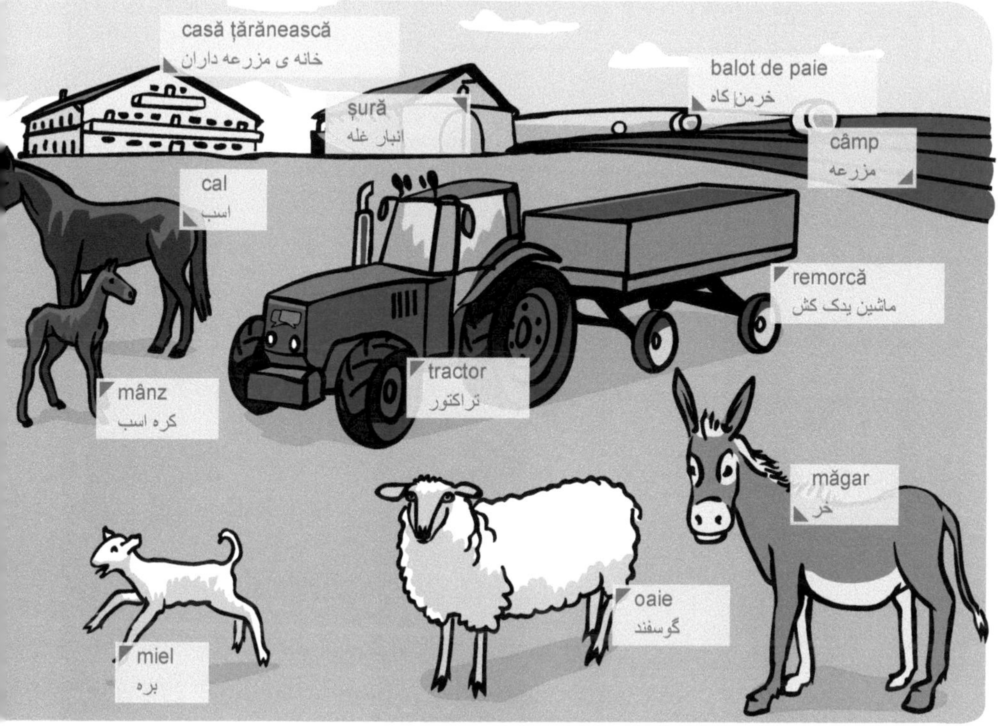
casă țărănească
خانه ی مزرعه داران
șură
انبار غله
balot de paie
خرمن کاه
câmp
مزرعه
cal
اسب
remorcă
ماشین یدک کش
tractor
تراکتور
mânz
کره اسب
măgar
خر
oaie
گوسفند
miel
بره

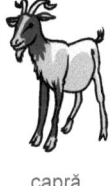

capră
بز

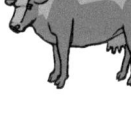

vacă
گاو ماده

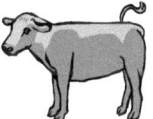

vițel
گوساله

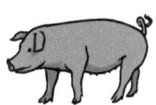

porc
خوک

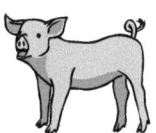

purcel
بچه خوک

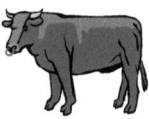

taur
گاو نر

găină

غاز

rață

اردک

pui

جوجه

găină

مرغ

cocoș

خروس

șobolan

موش صحرایی

pisică

گربه

șoarece

موش

bou

گاو نر اخته

câine

سگ

cușcă

لانه ی سگ

furtun de grădină

شلنگ باغبانی

stropitoare

آبپاش

coasă

داس دسته بلند

plug

گاوآهن

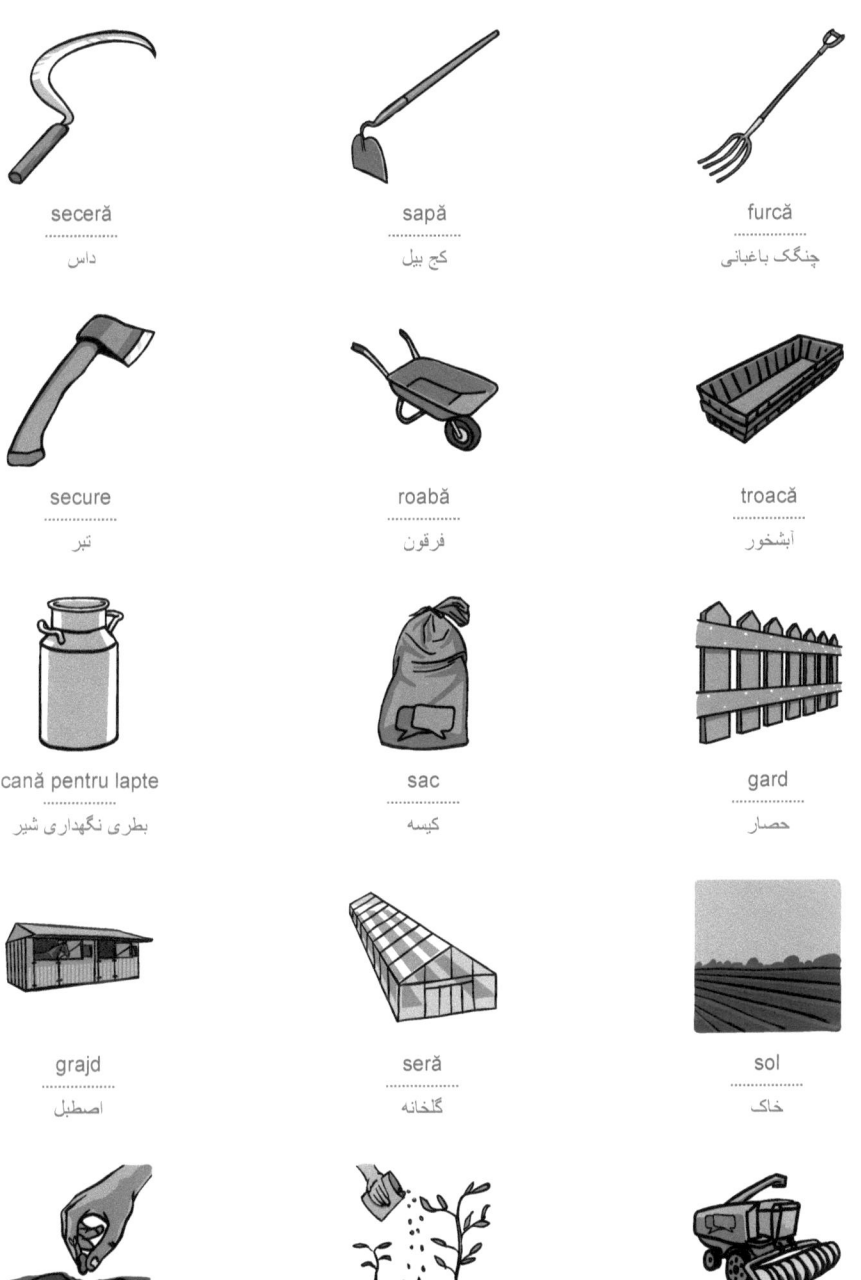

seceră داس	sapă کج بیل	furcă چنگک باغبانی
secure تبر	roabă فرقون	troacă آبشخور
cană pentru lapte بطری نگهداری شیر	sac کیسه	gard حصار
grajd اصطبل	seră گلخانه	sol خاک
sămânță بذر	fertilizator کود	combină de treierat ماشین کمباین

a culege

برداشت کردن محصول

recoltă

محصول

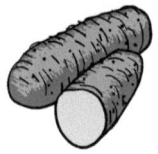

cartof yam

تمیس

grâu

گندم

soia

سویا

cartof

سیب زمینی

porumb

ذرت

rapiță

کلزا

pom fructifer

درخت میوه

manioc

گیاه مانیوک

cereale

غلات

casă

خانه

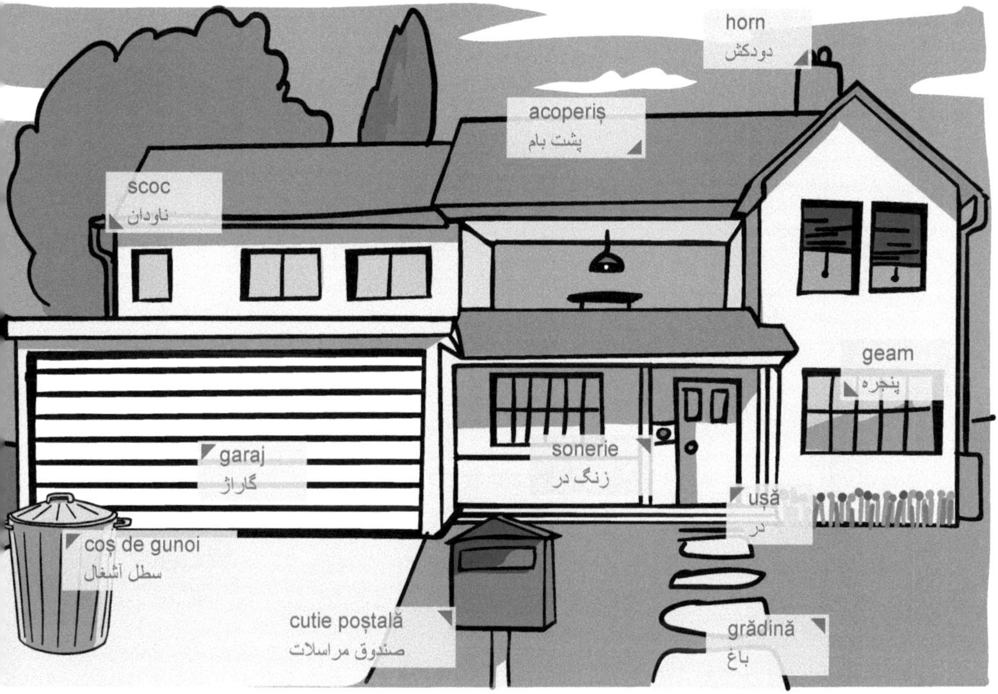

horn
دودکش
acoperiș
پشت بام
scoc
ناودان
geam
پنجره
garaj
گاراژ
sonerie
زنگ در
ușă
در
coș de gunoi
سطل آشغال
cutie poștală
صندوق مراسلات
grădină
باغ

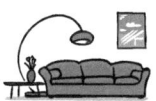

cameră de zi

اتاق نشیمن

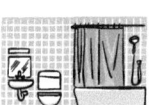

baie

حمام

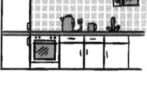

bucătărie

آشپزخانه

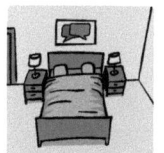

dormitor

اتاق خواب

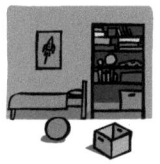

camera copiilor

اتاق بچه

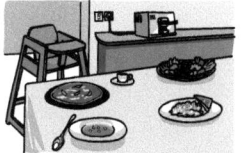

sufragerie

ناهارخوری

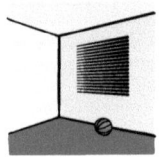

podea

كف زمين

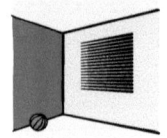

perete

ديوار

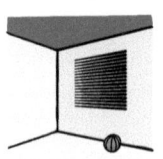

tavan

سقف

pivniță

زيرزمين

saună

سونا

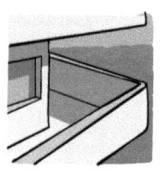

balcon

بالكن

terasă

تراس

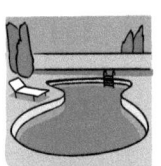

piscină

استخر

mașină de tuns iarba

ماشين چمنزنى

cearșaf

ملافه

cuvertură

روتختى

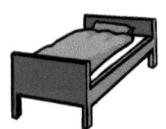

pat

تخت خواب

mătură

جارو

găleată

سطل

întrerupător

سويچ يا كليد

camera de zi
اتاق نشیمن

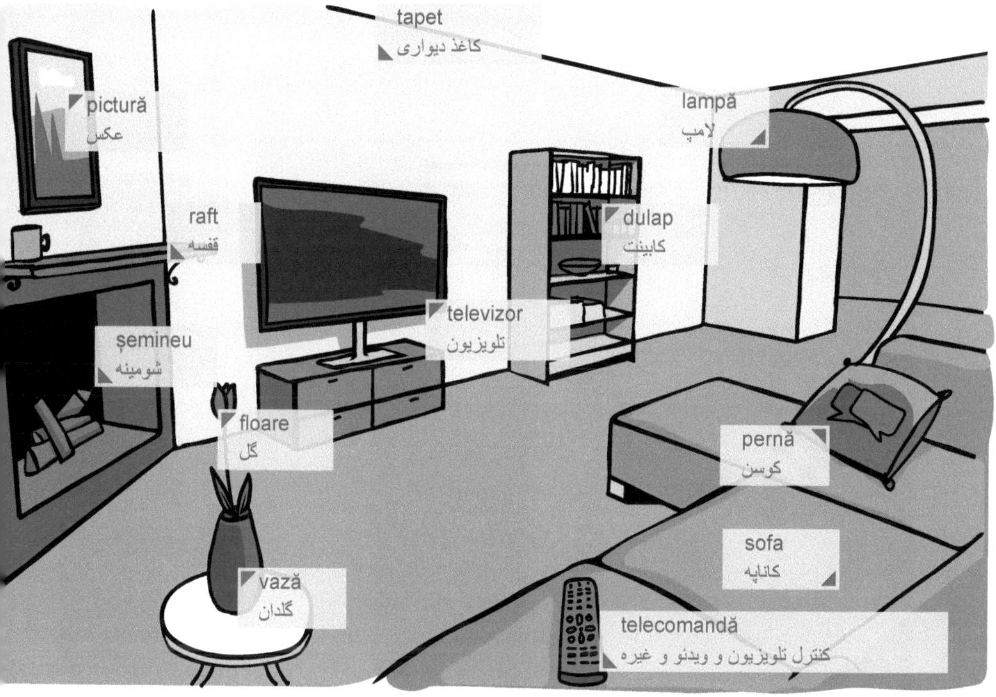

tapet
کاغذ دیواری
pictură
عکس
lampă
لامپ
raft
قفسه
dulap
کابینت
televizor
تلویزیون
șemineu
شومینه
floare
گل
pernă
کوسن
sofa
کاناپه
vază
گلدان
telecomandă
کنترل تلویزیون و ویدئو و غیره

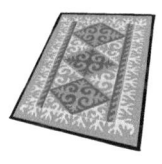

covor
فرش

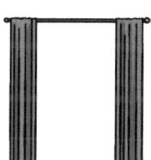

perdea
پرده

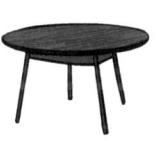

masă
میز

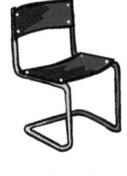

scaun
صندلی

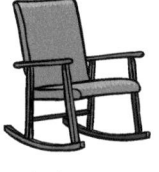

balansoar
صندلی گهواره ایی

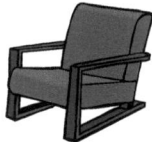

fotoliu
صندلی راحتی

carte

كتاب

pătură

لحاف

decorațiune

دكوراسيون

lemn de foc

هيزم

film

فيلم

instalație stereo

دستگاه ضبط صوت

cheie

كليد

ziar

روزنامه

desen

تابلو نقاشى

poster

پوستر

radio

راديو

caiet de notițe

دفترچه يادداشت

aspirator

جاروبرقى

cactus

كاكتوس

lumânare

شمع

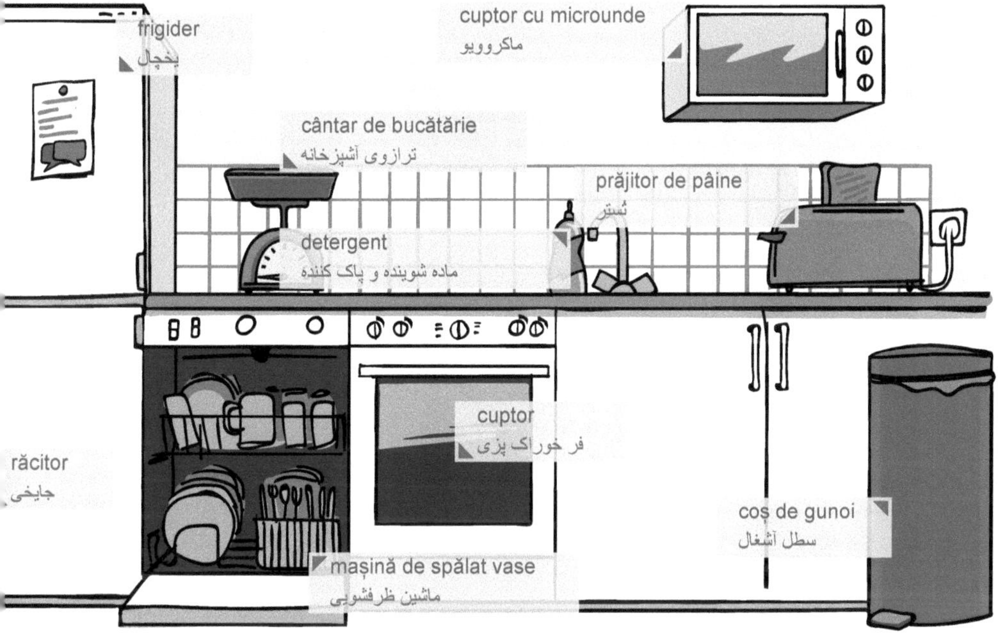

cuptor cu microunde
ماکروویو

frigider
یخچال

cântar de bucătărie
ترازوی آشپزخانه

prăjitor de pâine
تُستر

detergent
ماده شوینده و پاک کننده

cuptor
فر خوراک پزی

răcitor
جایخی

coș de gunoi
سطل آشغال

mașină de spălat vase
ماشین ظرفشویی

cuptor

اجاق گاز

oală

قابلمه

oală de metal

قابلمه چدنی

wok/kadai

ماهی تابه گود

tigaie

ماهی تابه

ceainic

کتری

oală de gătit cu aburi

بخارپز

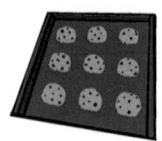

tavă de copt

سینی فر

veselă

ظرف چینی آشپزخانه

pahar

لیوان

bol

کاسه

bețișoare

چاپستیک

polonic

ملاقه

spatulă

کفگیر

tel

همزن

sită

آبکش

sită

آبکش

răzătoare

رنده

mojar

هاون

grătar

باربیکیو

loc pentru grătar

محل مخصوص افروختن آتش

tocător

تَخته گوشت و سبزی

sucitor

وردنه

tirbușon

در بطری بازکن

conservă

قوطی

deschizător de conserve

در قوطی بازکن

șervete termice

دستگیره پارچه ای

chiuvetă

سینک ظرفشویی

perie

برس گردگیری

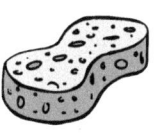

burete

اسفنج

mixer

مخلوط کن

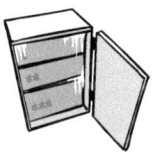

ladă frigorifică

فریزر

biberon

شیشه شیر بچه

robinet

شیر آب

încălzire
بخاری

duș
دوش

prosop
حوله

perdea de duș
پرده ی حمام

baie cu spumă
حمام کف

cadă
وان حمام

pahar
لیوان

mașină de spălat
ماشین لباسشویی

robinet
شیر آب

gresie
کاشی

oală de noapte
لگن دستشویی کودکان

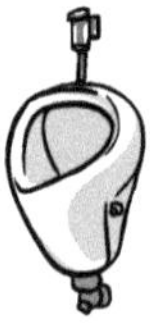

chiuvetă
سینک ظرفشویی

toaletă	toaletă turcească	bideu
توالت	توالت ایرانی	کاسه توالت
pisoir	hârtie igienică	perie de toaletă
توالت مخصوص آقایان	دستمال توالت	فرچه توالت

periuță de dinți

مسواک

pastă de dinți

خمیردندان

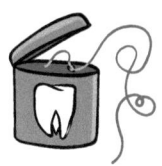

ață dentară

نخ دندان

a spăla

شستن

cap de duș

دوش آب تلفنی

duș intim

شلنگ توالت

lavoar

لگن روشویی

perie pentru spate

برس شست و شوی پشت

săpun

صابون

gel de duș

شامپو بدن

șampon

شامپو

cârpă de spălat

لیف حمام

scurgere

راه آب

cremă

کرم

deodorant

اسپری دئودورانت

baie - حمام

oglindă

آیینه

oglindă cosmetică

آیینه ی کوچک دستی

aparat de ras

تیغ ریش تراشی

spumă de ras

کف ریش‌تراشی

aftershave

آفترشیو

pieptene

شانه ی سر

perie

برس

uscător de păr

سشوار

fixator

اسپری مو

machiaj

آرایش

ruj

رژلب

lac de unghii

لاک ناخن

vată

پنبه

foarfece de unghii

قیچی ناخن

parfum

عطر

neseser

کیف لوازم آرایشی و بهداشتی

taburet

چهارپایه

cântar

ترازو

halat de baie

حوله ی پالتویی

mănuși de cauciuc

دستکش ظرفشویی

tampon

تامپون

tampon

نوار بهداشتی

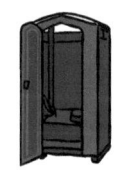

toaletă chimică

توالت سیار

camera copiilor
اتاق بچه

ceas deșteptător
ساعت زنگدار
jucărie de pluș
نوعی عروسک نرم به شکل حیوانات
mașină de jucărie
ماشین اسباب بازی
morișcă
جغجغه
casă de păpuși
خانه ی عروسکی
cadou
کادو

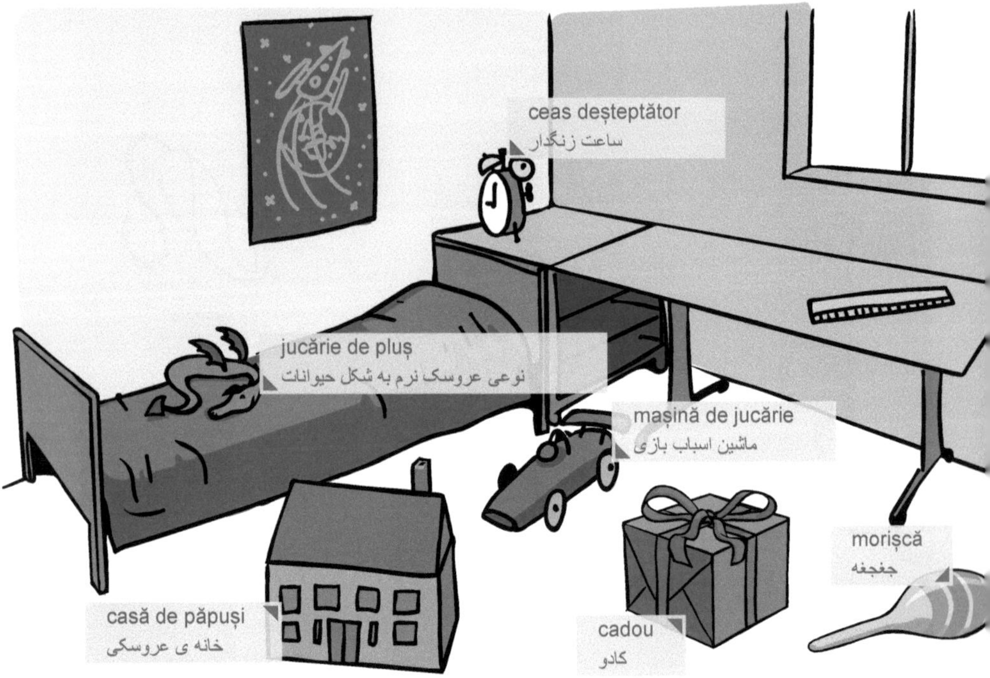

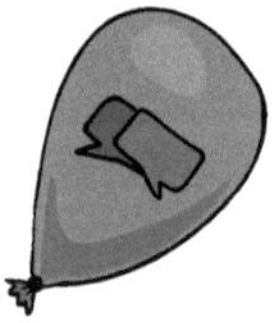

balon
....
بادکنک

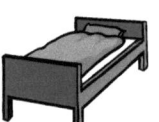

pat
....
تخت خواب

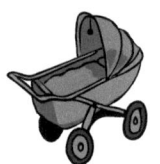

cărucior de copii
....
کالسکه بچه

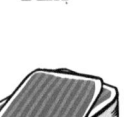

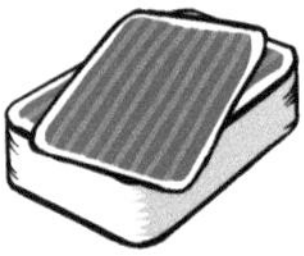

joc de cărți
....
بازی ورق

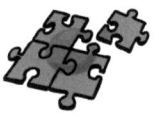

puzzle
....
پازل

revistă de benzi desenate
....
داستان مصور

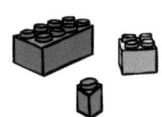

cuburi lego

اسباب بازی لگو

piese pentru construcții

خانه سازی

personaj din filmele de acțiune

عروسک شخصیت های فیلم و کارتون

body

لباس نوزاد

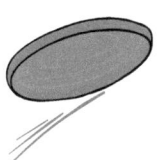

frisbee

فریزبی

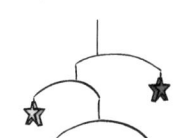

mobil

نوعی اسباب بازی که روی تخت نوزاد یا کودک نصب می شود

joc de societate

بازی روی صفحه

zar

تاس

set trenuleț de jucărie

قطار اسباب بازی

suzetă

پستانک

petrecere

مهمانی

carte cu poze

کتاب مصور

minge

توپ

păpușă

عروسک

a se juca

بازی کردن

groapă de nisip

جعبه شنی مخصوص بازی کودکان

leagăn

تاب

jucării

اسباب بازی

consolă video

کنسول بازی های کامپیوتری

tricicletă

سه چرخه

ursuleț

خرس عروسکی

dulap

کمد لباس

îmbrăcăminte

لباس

șosete

جوراب

ciorapi

جوراب زنانه ساق بلند

dres

جوراب شلواری

şal
شال

umbrelă
چتر

curea
کمربند

tricou
تی شرت

cizme
پوتین

papuci
دمپایی

pantofi sport
کفش ورزشی کتانی

sandale
....
صندل

încălțăminte
....
کفش

cizme de cauciuc
....
چکمه پلاستیکی

chilot
....
شرت

sutien
....
سوتین

maiou
....
جلیقه

body

بادی

pantaloni

شلوار

blugi

جین

fustă

دامن

bluză

بلوز

cămașă

پیراهن

pulover

پولیور

jerseu

سویی شرتِ

sacou

نوعی کت

jachetă

ژاکت

palton

کت بلند

pelerină de ploaie

بارانی

costum

لباس نمایش

rochie

لباس

rochie de mireasă

لباس عروس

costum

كت و شلوار

cămașă de noapte

لباس خواب زنانه

pijama

پیژامه

sari

ساری

batic

روسری

turban

عمامه

burka

برقع

caftan

قبا

abaya

عبا

costum de baie

لباس شنا

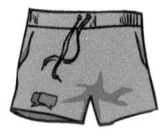

șort

شرت شنا

pantaloni scurți

شلوارک

trening

لباس ورزشی

șorț

پیشبند

mănuși

دستکش

nasture

دكمه

ochelari

عینک

brățară

دستبند

lanț

گردنبند

inel

انگشتر

cercel

گوشواره

căciulă

كلاه لبه دار

umeraș

چوب لباسی

pălărie

كلاه

cravată

كراوات

fermoar

زیپ

cască

كلاه ایمنی

bretele

بند شلوار

uniformă școlară

لباس مدرسه

uniformă

لباس فرم

baveţică

پیش بند بچه

suzetă

پستانک

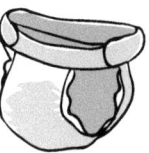

scutec

پوشک بچه

birou

اداره

server
سرور

dulap de acte
کمد نگهداری پرونده

imprimantă
چاپگر

monitor
مانیتور

hârtie
کاغذ

masă de birou
میز تحریر

mouse
ماوس

fișier
زونکن

tastatură
صفحه کلید

coș de gunoi
سبد کاغذ باطله

computer
کامپیوتر

scaun
صندلی

ceașcă de cafea

لیوان قهوه

calculator

ماشین حساب

internet

اینترنت

laptop

لپ تاپ

scrisoare

نامه

mesaj

پیغام

telefon mobil

تلفن همراه

rețea

شبکه ی ارتباطی

copiator

دستگاه فتوکپی

software

نرم افزار

telefon

تلفن

priză

پریز

fax

دستگاه فاکس

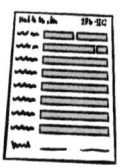

formular

فرم

document

مدرک

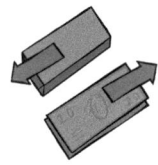

a cumpăra

خریدن

a plăti

پرداخت کردن

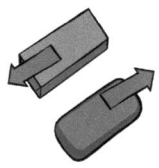

a face comerț

تجارت کردن

bani

پول

Dolar

دلار

Euro

یورو

Yen

ین

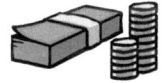

Rublă

روبل

Franc Elvețian

فرانک سوئیس

renminbi yuan

یوان رنمینبی

Rupie

روپیه

bancomat

دستگاه خودپرداز

casă de schimb valutar

صرافى

aur

طلا

argint

نقره

petrol

نفت

energie

انرژى

preț

قيمت

contract

قرارداد

impozit

ماليات

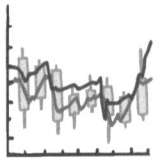

acțiune

سهام سرمايه

a munci

كار كردن

angajat

كارمند

angajator

كارفرما

fabrică

كارخانه

magazin

مغازه

polițist
مامور پلیس

pompier
آتش نشان

pilot
خلبان

bucătar
آشپز

medic
دکتر

grădinar

باغبان

tâmplar

نجار

cusătoreasă

خیاط زنانه

judecător

قاضی

chimist

شیمیدان

actor

بازیگر

şofer de autobuz

راننده اتوبوس

şofer de taxi

راننده تاکسی

pescar

ماهیگیر

femeie de serviciu

نظافتچی زن

tinichigiu

سقف ساز

chelnăr

پیشخدمت رستوران

vânător

شکارچی

pictor

نقاش

brutar

نانوا

electrician

برقکار

muncitor în construcţii

کارگر ساختمانی

inginer

مهندس

măcelar

قصاب

instalator

لوله کش

poştaş

پستچی

soldat

سرباز

arhitect

معمار

casier

صندوقدار

florar

گل فروش

frizer

آرایشگر

controlor

مامور کنترل بلیط در قطار

mecanic

مکانیک

căpitan

ناخدا

stomatolog

دندانپزشک

om de ştiinţă

دانشمند

rabin

عالم یهودی

imam

امام

călugăr

راهب

preot

کشیش

instrumente
ابزارآلات

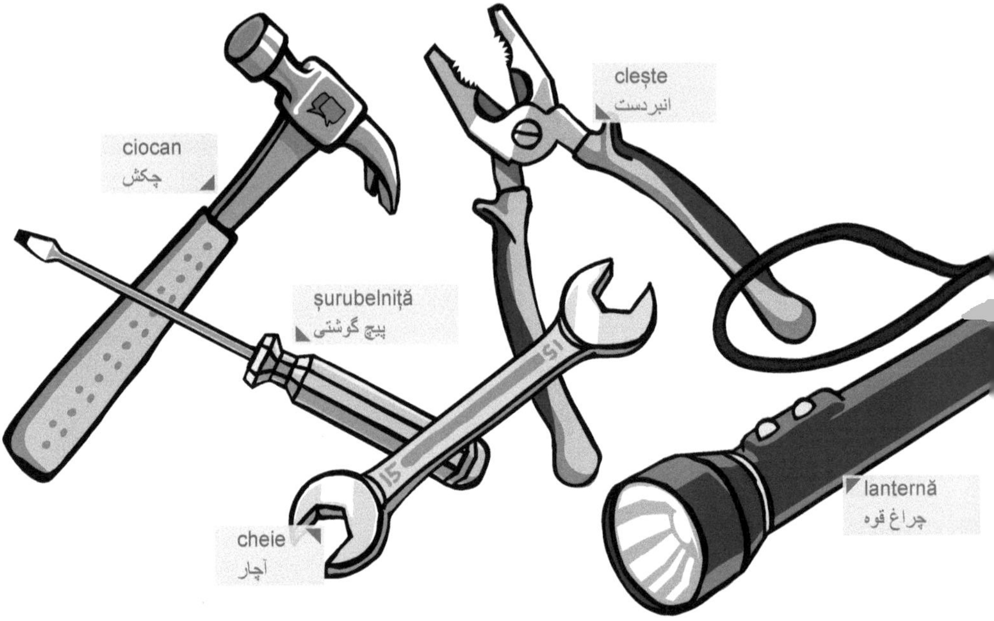

ciocan
چکش
clește
انبردست
șurubelniță
پیچ گوشتی
cheie
آچار
lanternă
چراغ قوه

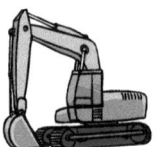

excavator
بیل مکانیکی

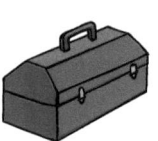

cutie de scule
جعبه ابزار

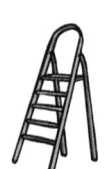

scară
نردبان

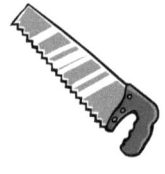

ferăstrău
ارّه

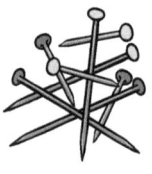

cuie
میخ

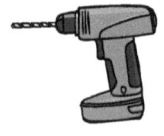

burghiu
مته

a repara

تعمیر کردن

lopată

بیل

La naiba!

لعنتی!

făraș

خاک انداز

vas pentru vopsea

سطل رنگرزی

șuruburi

پیچ

instrumente muzicale

آلات موسیقی

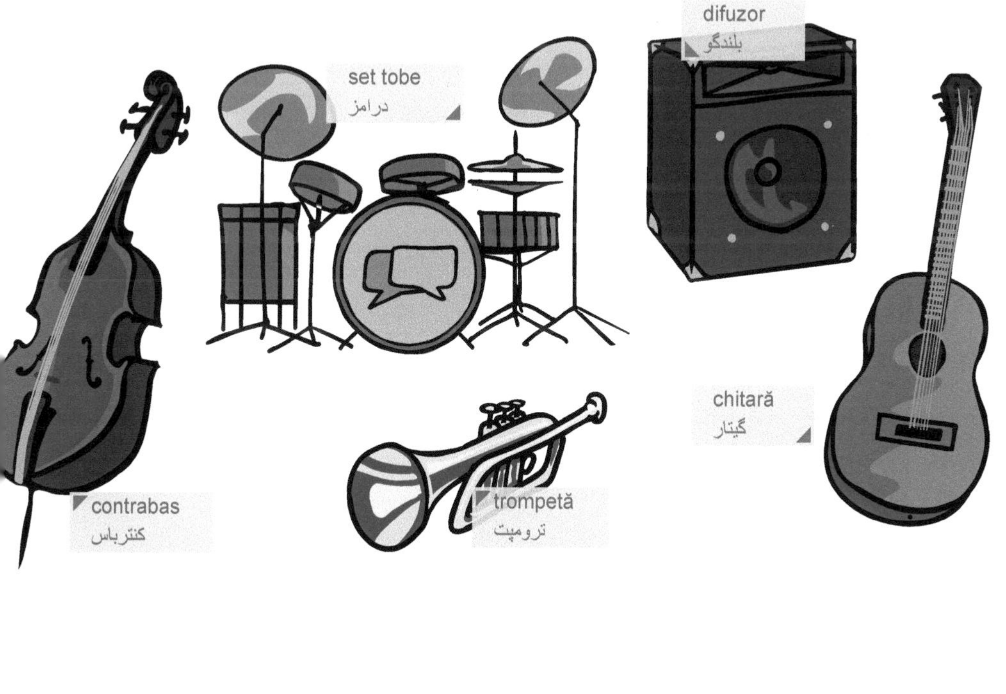

difuzor
بلندگو

set tobe
درامز

chitară
گیتار

contrabas
کنترباس

trompetă
ترومپت

pian

پیانو

vioară

ویولن

bas

گیتار بیس

trombon

تیمپانی

tobă

طبل

keyboard

کیبورد الکتریک

saxofon

ساکسیفون

fluier

فلوت

microfon

میکروفون

grădină zoologică
باغ وحش

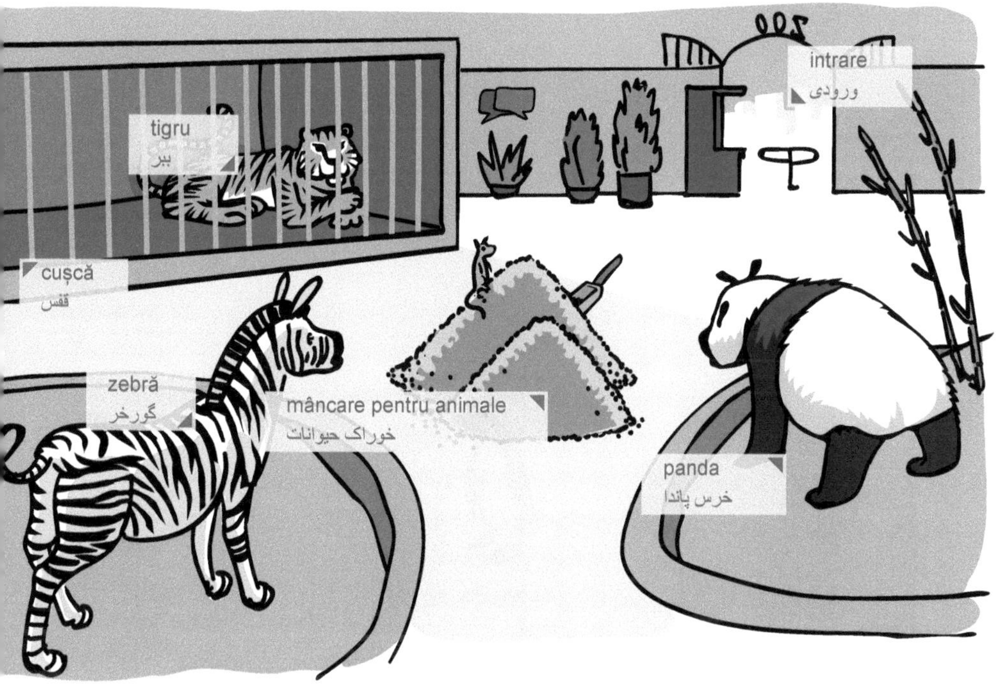
intrare
ورودی
tigru
ببر
cușcă
قفس
zebră
گورخر
mâncare pentru animale
خوراک حیوانات
panda
خرس پاندا

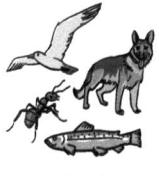

animale

حیوانات

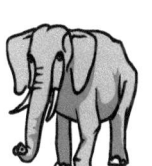

elefant

فیل

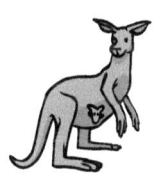

cangur

کانگورو

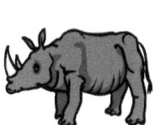

rinocer

کرگدن

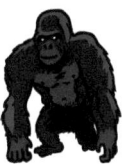

gorilă

گوریل

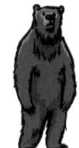

urs

خرس

cămilă

شتر

struț

شترمرغ

leu

شیر

maimuță

میمون

flamingo

فلامینگو

papagal

طوطی

urs polar

خرس قطبی

pinguin

پنگوئن

rechin

کوسه

păun

طاووس

șarpe

مار

crocodil

تمساح

îngrijitor grădina zoologică

نگهبان باغ وحش

focă

خوک آبی

jaguar

پلنگ امریکایی

ponei

اسب کوچک

leopard

پلنگ

hipopotam

اسب آبی

girafă

زرافه

acvilă

عقّاب

porc mistreț

گراز

pește

ماهی

broască țestoasă

لاک پشت

morsă

شیرماهی

vulpe

روباه

gazelă

غزال

fotbal american
فوتبال آمریکایی

ciclism
دوچرخه سواری

tenis
تنیس

basketball
بسکتبال

înot
شنا

box
بوکس

hockey pe gheață
هاکی روی یخ

fotbal
فوتبال

badminton
بدمینتون

atletism
دوومیدانی

handbal
هندبال

schi
اسکی

polo
پولو

a râde
خندیدن

a sări
پریدن

a îmbrățișa
بغل کردن

a merge
راه رفتن

a cânta
آواز خواندن

a visa
رؤیا دیدن

a se ruga
دعا کردن

a săruta
بوسیدن

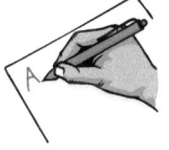

a scrie
نوشتن

a desena
رسم کردن

a arăta
نشان دادن

a împinge
هل دادن

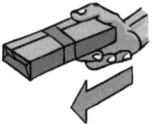

a da
دادن

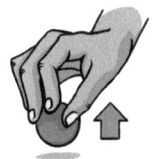

a lua
برداشتن

a avea

داشتن

a face

انجام دادن

a fi

بودن

a sta în picioare

ایستادن

a fugi

دویدن

a trage

کشیدن

a arunca

پرتاب کردن

a cădea

افتادن

a sta întins

دراز کشیدن

a aștepta

منتظر بودن

a purta

حمل کردن

a ședea

نشستن

a se îmbrăca

لباس پوشیدن

a dormi

خوابیدن

a se trezi

بیدار شدن

a privi

تماشا کردن

a plânge

گریه کردن

a mângâia

نوازش کردن

a se pieptăna

شانه کردن

a vorbi

حرف زدن

a înțelege

فهمیدن

a întreba

پرسیدن

a asculta

شنیدن

a bea

آشامیدن

a mânca

خوردن

a face ordine

مرتب کردن

a iubi

عاشق بودن

a găti

پختن

a conduce

رانندگی کردن

a zbura

پرواز کردن

a naviga

قایقرانی کردن

a calcula

محاسبه کردن

a citi

خواندن

a învăța

یاد گرفتن

a munci

کار کردن

a se căsători

ازدواج کردن

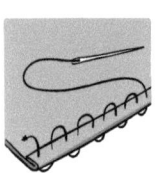

a coase

دوختن

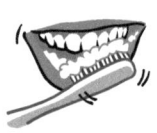

a se spăla pe dinți

مسواک زدن

a ucide

کشتن

a fuma

سیگار کشیدن

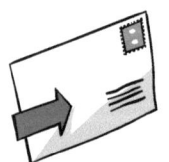

a trimite

فرستادن

bunică
مادربزرگ

bunic
پدربزرگ

tată
پدر

mamă
مادر

bebeluș
کودک

soră
فرزند دختر

fiu
فرزند پسر

oaspete

مهمان

mătușă

خاله، عمه

unchi

دایی، عمو

frate

برادر

soră

خواهر

corp

بدن

frunte
پیشانی
ochi
چشم
umăr
شانه
deget
انگشت دست
față
صورت
bărbie
چانه
mână
دست
piept
سینه
picior
ساق پا
braț
بازو

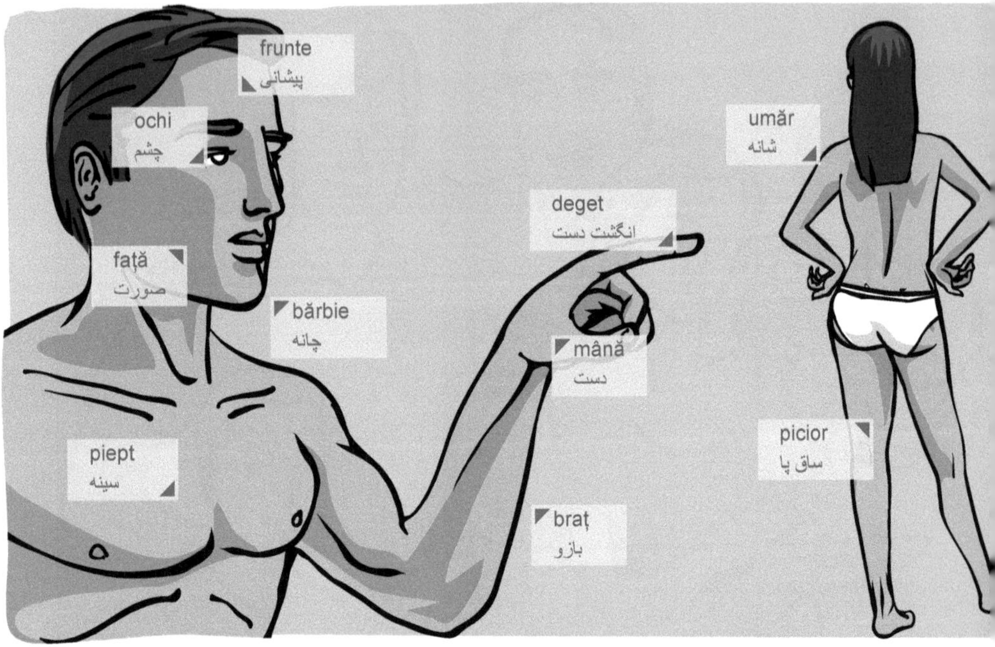

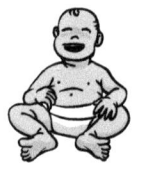

bebeluș

کودک

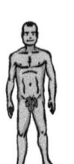

bărbat

مرد

femeie

زن

fată

دخترجه

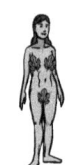

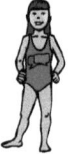

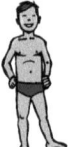

băiat

پسربچه

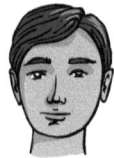

cap

کله

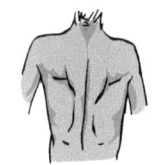

spate

كمر

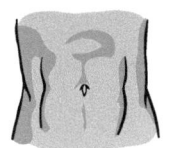

abdomen

شكم

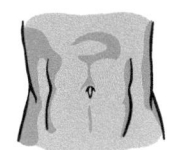

ombilic

ناف

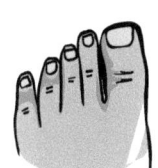

deget de la picior

انگشت پا

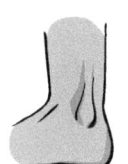

călcâi

پاشنه

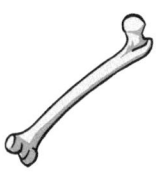

os

استخوان

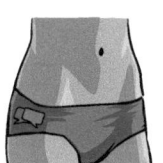

şold

لگن

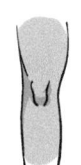

genunchi

زانو

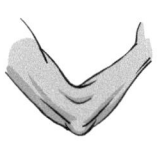

cot

آرنج

nas

بینی

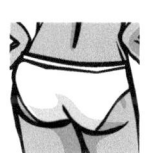

fund

نشیمنگاه

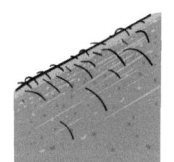

piele

پوست

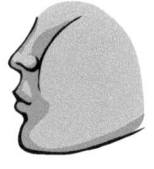

obraz

گونه

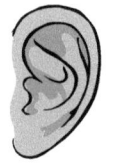

ureche

گوش

buză

لب

gură

دهان

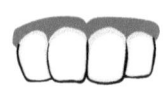

dinte

دندان

limbă

زبان

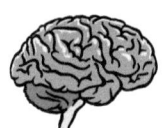

creier

مغز

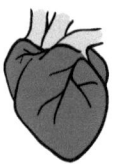

inimă

قلب

mușchi

عضله

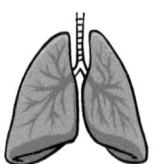

plămân

ریه

ficat

کبد

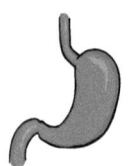

stomac

معده

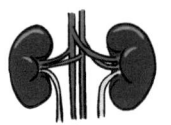

rinichi

کلیه

sex

آمیزش جنسی

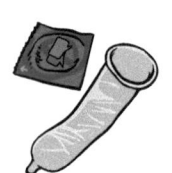

prezervativ

کاندوم

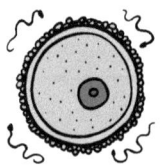

ovul

تخمک

spermă

اسپرم

sarcină

حاملگی

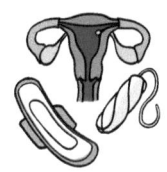

menstruație

پریود

vagin

واژن

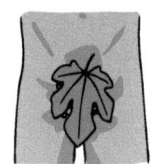

penis

آلت تناسلی مرد

sprânceană

ابرو

păr

مو

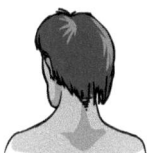

gât

گردن

spital
بیمارستان

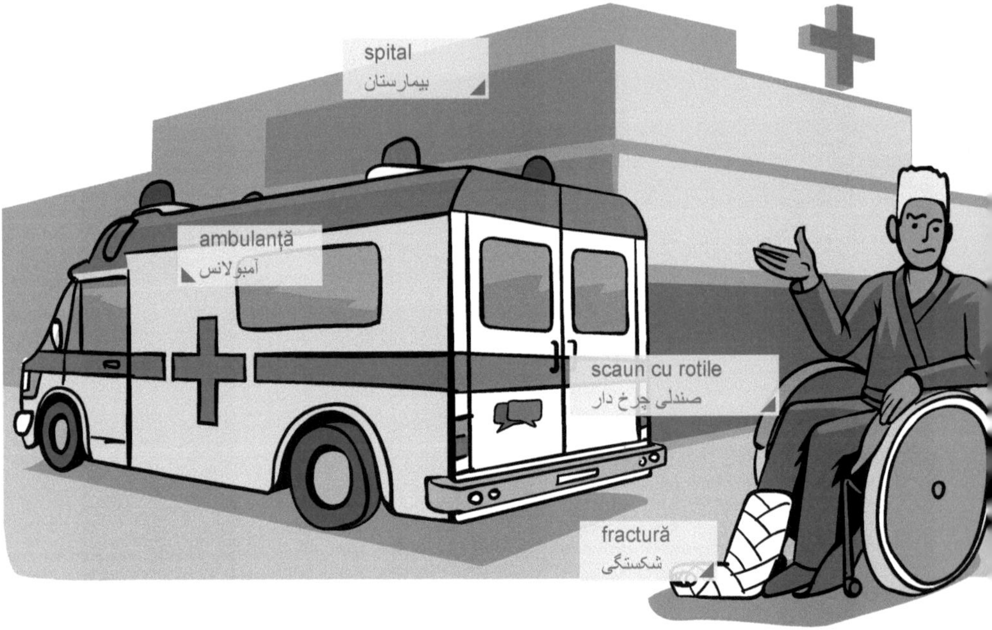

spital
بیمارستان
ambulanță
آمبولانس
scaun cu rotile
صندلی چرخ دار
fractură
شکستگی

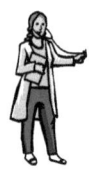

medic
دکتر

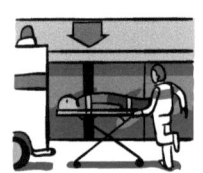

unitate de primiri urgențe
بخش اورژانس

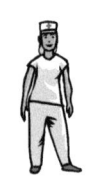

soră medicală
پرستار

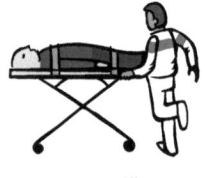

urgență
موقعیت اضطراری

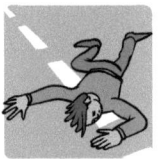

inconștient
بی هوش

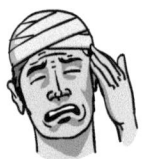

durere
درد

leziune

مصدومیت

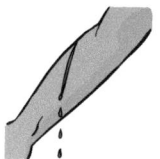

sângerare

خونریزی

infarct miocardic

سکته قلبی

atac cerebral

سکته مغزی

alergie

آلرژی

tuse

سرفه

febră

تب

gripă

آنفولانزا

diaree

اسهال

durere de cap

سردرد

cancer

سرطان

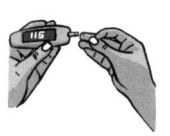

diabet

دیابت

chirurg

جراح

scalpel

چاقوی جراحی

operație

عمل جراحی

CT

سی تی اسکن

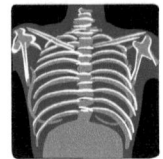

raze Röntgen

پرتونگاری

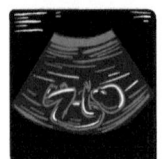

ultrasunet

سونوگرافی

mască

ماسک صورت

boală

بیماری

sală de așteptare

اتاق انتظار

cârjă

چوب زیر بغل

plasture

چسب زخم

bandaj

پانسمان

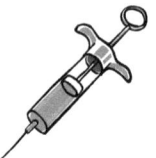

injecție

تزریق

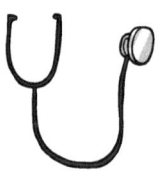

stetoscop

گوشی طبی

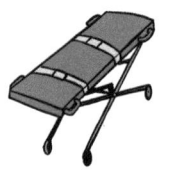

targă

برانکار

termometru

دماسنج

naștere

زایش

supraponderabilitate

اضافه وزن

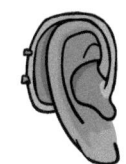

aparat auditiv

سمعک

dezinfectant

ماده ضد غفونی کننده

infecție

عفونت

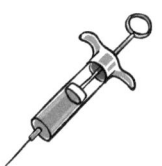

virus

ویروس

HIV/SIDA

اچ آی وی / ایدز

medicină

دارو

vaccin

واکسیناسیون

tablete

قرص

pastilă

قرص ضد حاملگی

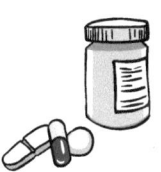

apel de urgență

تماس اظطراری

aparat de măsurare a
presiunii arteriale

دستگاه اندازه گیری فشارخون

bolnav/sănătos

مریض / سالم

Ajutor!

کمک!

alarmă

آژیر خطر

agresiune

حمله

atac

حمله ی فیزیکی

pericol

خطر

ieşire de urgenţă

خروج اظطراری

Foc!

آتش

extinctor

کپسول آتش‌نشانی

accident

تصادف

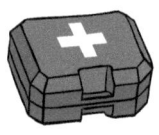

trusă de prim-ajutor

جعبه کمک های اولیه

SOS

درخواست کمک

poliţie

پلیس

Europa

اروپا

America de Nord

آمریکای شمالی

America de Sud

آمریکای جنوبی

Africa

آفریقا

Asia

آسیا

Australia

استرالیا

Altantic

اقیا نوس اطلس

Pacific

اقیانوس آرام

Oceanul Indian

اقیانوس هند

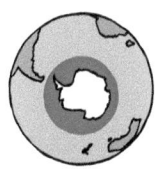

Oceanul Antarctic

اقیا نوس اطلس جنوبی

Oceanul Arctic

اقیانوس منجمد شمالی

Polul Nord

قطب شمال

Polul Sud

قطب جنوب

Antarctica

قاره قطب جنوب

pământ

کره زمین

țară

سرزمین

mare

دریا

insulă

جزیره

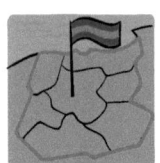

națiune

ملت

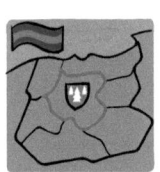

stat

کشور

cadran

صفحه ی ساعت

orar

ساعت شمار

minutar

دقیقه شمار

secundar

ثانیه شمار

Cât e ceasul?

ساعت چند است؟

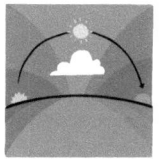

zi

روز

timp

زمان

acum

اکنون

cead digital

ساعت دیجیتال

minut

دقیقه

oră

ساعت

săptămână

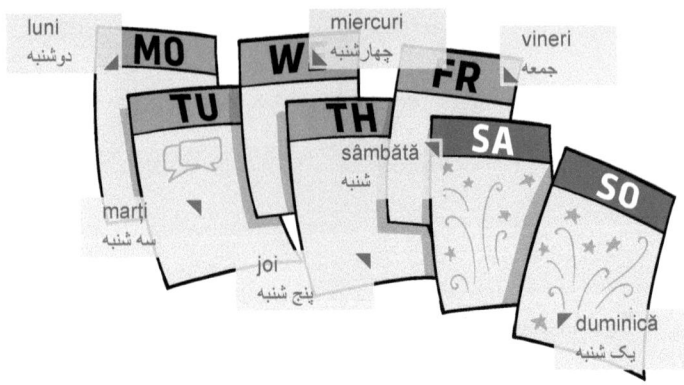

luni
دوشنبه

miercuri
چهارشنبه

vineri
جمعه

marți
سه شنبه

sâmbătă
شنبه

joi
پنج شنبه

duminică
یک شنبه

ieri

دیروز

azi

امروز

mâine

فردا

dimineață

صبح

amiază

ظهر

seară

غروب

MO	TU	WE	TH	FR	SA	SU
1	2	3	4	5	6	7
8	9	10	11	12	13	14
15	16	17	18	19	20	21
22	23	24	25	26	27	28
29	30	31	1	2	3	4

zile lucrătoare

روزهای کاری

MO	TU	WE	TH	FR	SA	SU
1	2	3	4	5	6	7
8	9	10	11	12	13	14
15	16	17	18	19	20	21
22	23	24	25	26	27	28
29	30	31	1	2	3	4

week-end

آخر هفته

an

سال

curcubeu
رنگین کمان
ploaie
باران
zăpadă
برف
vânt
باد
primăvară
بهار
toamnă
پاییز
vară
تابستان
iarnă
زمستان

4.APRIL 11°
5.APRIL 4°
6.APRIL 13°
7.APRIL 8°
8.APRIL 10°

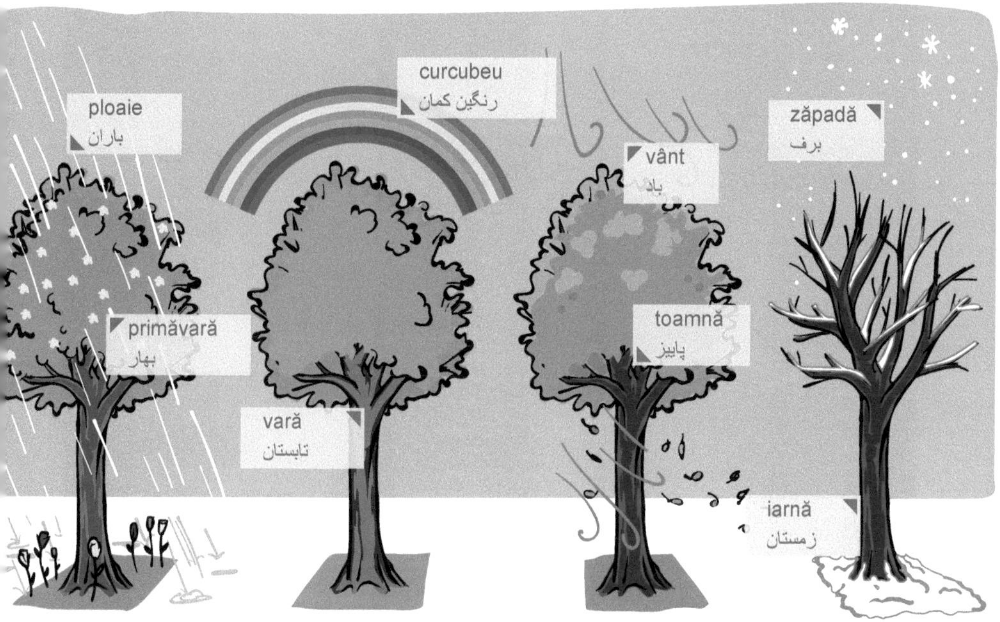

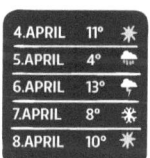

prognoză meteo

پیش‌بینی اوضاع جوی

F C
120 40
90 30
60 20
30 10
0 0
-30 -10
-20

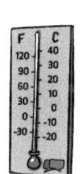

termometru

دماسنج

lumina soarelui

تابش آفتاب

nor

ابر

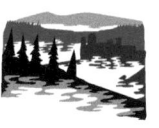

ceață

مِه

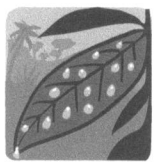

umiditate a aerului

رطوبت هوا

fulger

صاعقه

tunet

آسمان غره

furtună

طوفان

grindină

تگرگ

muson

باد موسمی

inundație

سیل

gheață

یخ

ianuarie

ژانویه

februarie

فوریه

martie

مارس

aprilie

آوریل

mai

مه

iunie

ژوئن

iulie

ژوئیه

august

اگوست

septembrie

سپتامبر

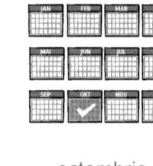

octombrie

اكتبر

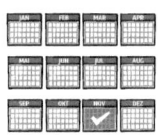

noiembrie

نوامبر

decembrie

دسامبر

cerc

دايره

pătrat

مربع

dreptunghi

مستطيل

triunghi

سه گوش

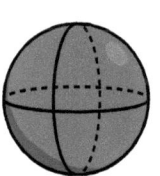

sferă

كره

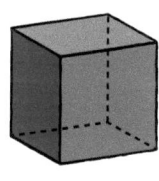

cub

مكعب مربع

culori

alb

سفید

galben

زرد

portocaliu

نارنجی

roz

صورتی

roşu

قرمز

violet

بنفش

albastru

آبی

verde

سبز

maro

قهوه ای

gri

خاکستری

negru

سیاه

mult/puțin

خیلی / کم

furios/calm

خشمگین/ آرام

frumos/urât

زیبا / زشت

început/sfârșit

شروع / پایان

mare/mic

بزرگ / کوچک

luminos/întunecat

روشن / تیره

frate/soră

برادر / خواهر

curat/murdar

تمیز / آلوده

complet/incomplet

کامل / ناقص

zi/noapte

روز / شب

mort/viu

مرده / زنده

lat/strâmt

پهن / باریک

comestibil/necomestibil

قابل خوردن / غیر قابل خوردن

rău/prietenos

غضبناک / مهربان

emoționat/plictisit

هیجان زده / بی حوصله

gras/slab

چاق / لاغر

primul/ultimul

اولین / آخرین

prieten/inamic

دوست / دشمن

plin/gol

پر / خالی

tare/moale

سفت / نرم

greu/ușor

سنگین / سبک

foame/sete

گرسنگی / تشنگی

bolnav/sănătos

مریض / سالم

ilegal/legal

غیرقانونی / قانونی

inteligent/stupid

باهوش / خنگ

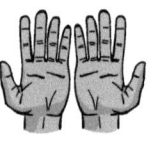

stânga/dreapta

چپ / راست

aproape/departe

نزدیک / دور

nou/uzat

نو / استفاده شده

nimic/ceva

هیچ چیز / چیزی

bătrân/tânăr

پیر / جوان

pornit/oprit

روشن / خاموش

deschis/închis

باز / بسته

încet/tare

آهسته / بلند

bogat/sărac

ثروتمند / فقیر

corect/fals

درست / غلط

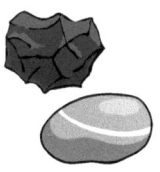

aspru/neted

زبر / صاف

trist/fericit

غمگین / خوشحال

lung/scurt

کوتاه / بلند

încet/repede

کند / تند

ud/uscat

تَر / خشک

cald/rece

گرم / خنک

război/pace

جنگ / صلح

0

zero

صفر

1

unu

یک

2

doi

دو

3

trei

سه

4

patru

چهار

5

cinci

پنج

6

șase

شش

7

șapte

هفت

8

opt

هشت

9

nouă

نه

10

zece

ده

11

unsprezece

یازده

12

douăsprezece

دوازده

13

treisprezece

سیزده

14

paisprezece

چهارده

15

cincisprezece

پانزده

16

șaisprezece

شانزده

17

șaptesprezece

هفده

18

optsprezece

هجده

19

nouăsprezece

نوزده

20

douăzeci

بیست

100

o sută

صد

1.000

o mie

هزار

1.000.000

un milion

میلیون

engleză

انگلیسی

engleză americană

انگلیسی آمریکایی

chineza mandarină

چینی ماندارین

hindi

هندی

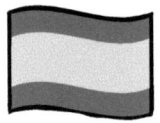

spaniolă

اسپانیایی

franceză

فرانسوی

arabă

عربی

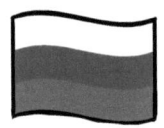

rusă

روسی

protugheză

پرتغالی

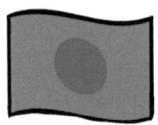

bengaleză

بنگالی

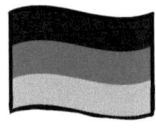

germană

آلمانی

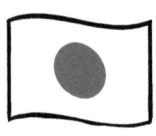

japoneză

ژاپنی

eu

من

tu

تو

el/ea

او

noi

ما

voi

شما

ea

آنها

cine?

چه کسی؟ کی؟

ce?

چی؟

cum?

چگونه؟

unde?

کجا؟

când?

کی؟

nume

نام

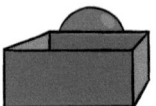

în spate

پشت

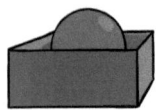

în

توی

înainte

جلو

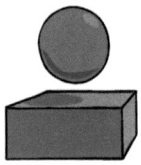

peste

بالای

pe

روی

sub

زیر

lângă

مجاور

între

بین

loc

مکان